Sumario

ID170880

Brevísima presentación

La vida

Tirso de Molina (Madrid, 1583-Almazán, Soria, 1648). España.

Se dice que era hijo bastardo del duque de Osuna, pero otros lo niegan. Se sabe poco de su vida hasta su ingreso como novicio en la Orden mercedaria en 1600 y su profesión al año siguiente en Guadalajara. Parece que había escrito comedias, al tiempo que viajaba por Galicia y Portugal. En 1614 sufrió su primer destierro de la corte por sus sátiras contra la nobleza. Dos años más tarde fue enviado a la Hispaniola (actual República Dominicana), regresó en 1618. Su vocación artística y su actitud contraria a los cenáculos culteranos no facilitó sus relaciones con las autoridades. En 1625, el Concejo de Castilla lo amonestó por escribir comedias y le prohibió volver a hacerlo bajo amenaza de excomunión. Desde entonces solo escribió tres nuevas piezas y consagró el resto de su vida a las tareas de la orden.

Personajes

Don Pedro de Bustos
Don Alonso
Don Diego Hurtado de Mendoza
Juancho, vizcaíno
Doña Ana Hurtado de Mendoza
Rodrigo, criado
Don Luis Hurtado de Mendoza
Toribia, labradora.
Lucía, criada
Mendo, viejo labrador
Sancho, su hijo
Músicos

Jornada primera

(Salen don Pedro de Bustos y don Alonso, su amigo, de noche, con músicos, por una parte, con un Criado con una escala, y por otra don Diego Hurtado de Mendoza, de camino, con botas y espuelas, y Juancho, vizcaíno, cargado con el cojín y la maleta en la cabeza, ridículamente vestido. Arrímanse a una parte, y mientras cantan vayan paseando el tablado don Pedro y don Alonso.)

Músicos	«Si no velaran mis ojos
	no celebraran las dichas
	de los que durmiendo matan,
	de los que matando hechizan.
	Si no durmieran los tuyos,
	glorificaran su vista
	los palpitantes despojos
	de las más seguras vidas.
	¡Ay, ay, qué desdicha!
	A quien mira su alma, deja sin vida.»

Alonso   ¡Extraño recogimiento!

Pedro   ¡Doña Ana, doña Ana!

Diego   Avisa,
Juancho, al mozo que las mulas
aleje donde, escondidas,
aguarden, y vente luego.

Juancho   ¿No las asas y las pringas;
aún no llegas, ya las tienes
currucamientos?

Diego   Ves aprisa.

Juancho	¿Tienes gana de comer?
	¿Cómo no las necesitas?
	Juancho, matas holandeses
	y ya que piensas venías
	juras a Dios a matar
	holandeses del barriga.
	¿Cantadoreas detienen?
	¡Al diablo les das venida!

(Vase Juancho.)

Diego	Ya que nos trujo la suerte
	cuanto piadosa propicia
	en tan dichosa ocasión,
	encubramos esta esquina
	hasta ver de estos galanes
	el intento.

Alonso	¿Qué? ¿Porfía
	la doncelleja?

Pedro	Es de suerte,
	que regalos y caricias,
	dádivas que son de amor
	la mayor artillería,
	pasando necesidades,
	no han bastado a persuadirla
	a que le niegue al honor
	lo que su sangre le dicta.
	Vengo resuelto...

Diego (Aparte.)	(Esto es malo.)

Pedro	...a escalar...

Diego (Aparte.)   (Función indigna
                                   de un pecho hidalgo.)

Pedro   ...su casa,
                                   si piadosa no acredita
                                   con terneza los favores
                                   que me debe, pues me anima
                                   mi amor, mi agravio, la noche,
                                   no tener quién me lo impida
                                   por estar su hermano ausente
                                   en esta ocasión.

Alonso   Pues mida
                                   tu gusto su voluntad,
                                   que a tu lado estoy.

(Sale Juancho.)

Juancho   Retiras
                                   mulas al mozo, la guardas
                                   en un callejón metidas,
                                   gruñes mozo, mulas dije
                                   no comen paja vizcaína,
                                   no sabe de burlas Juancho
                                   darle en coz en la barriga;
                                   confesión pides, bien puedes
                                   ser su confesor.

Diego   No impidas
                                   con tus voces la ocasión
                                   que, piadoso, en mis desdichas
                                   me ofrece el cielo.

Alonso

                                        ¿Mejor
no fuera, si pretendía
tal rompimiento tu amor,
que, sin despertar vecinas,
curiosos linces de noche,
parleros duendes de día,
te valieses del silencio?
Porque la música avisa
a los descuidados ojos
y a la vecindad incita
a curiosidad.

Pedro

                        No, primo;
porque primero querría
ver si puedo con ternezas,
con músicas, con caricias,
ablandar este imposible
dulce hechizo de ml vida.
Si me ofreciese esperanzas,
más piadosa, más rendida,
que entreteniendo deseos
paguen finezas debidas,
iré engañando temores,
y si en prudente porfía
se resiste, atropellando
respetos del oprimirla
a que por fuerza mitigue
mis pasiones.

Alonso

                              Pues prosiga
tu gusto su intento.

Pedro

                            Canten,
y a aqueste balcón te arrima

para obligarla a que salga
si se resistiera.

Diego   Mira,
Juancho, que no te divisen.

Juancho   Juras a Dios que barriga
tienes junto a puerta falsa
y resuello que le quitas.

Músicos   «Abre, pues, divina aurora,
esa oriental celosía,
saldrá para el cielo el Sol
y para mi noche el día.»

Pedro   ¡Ah doña Ana! ¡Ah dulce dueño!
Abre, pues mi amor te anima.

Músicos   «Rayos fulminan tus ojos
que, a un tiempo matan y miran.
¡Ay, ay, qué desdicha!
Que quien mira sin alma deja sin vida.»

(Sale doña Ana Hurtado de Mendoza a la ventana.)

Ana   Caballeros, si lo sois,
pudiera la cortesía
moveros a no infamar
los blasones que autorizan
estas antiguas paredes
que, aunque ausentes, vivifican
los Hurtados de Mendoza,
solar de esta casa antigua.
¿Qué pretendéis desluciendo

el honor que me acredita,
a quien el Sol presta rayos
y a quien el cielo da envidias?
¿Qué fineza en mí habéis visto,
qué señales, qué premisas
de mal nacidos deseos,
de esperanzas mal perdidas?
Caballeros que pretenden
con apariencias fingidas,
si pensáis que antiguos bandos
y enemistades antiguas
han de amedrentar mi honor
para que su fuerza os rinda,
no debéis de haber mirado
que alientan la sangre mía
de los Hurtados Mendozas
las no manchadas reliquias;
idos luego de la calle,
o por las luces divinas,
que en escuadras mal formadas
mis pretensiones animan,
que en defensa de mi honor,
que en mi pecho se acredita,
rayos fulmine mi diestra,
aborten mis ojos iras.

Juancho   Dicho lo dicho señora,
firme como vizcaína;
Juancho tienes, tente en buenas
Curtusca perra judía.

(Va a salir y don Diego le detiene.)

Diego   Juancho, detente. ¡Bien haya

14

                    quien a los suyos imita!

Juancho   ¡Juras a Dios...!

Pedro   Ana hermosa;
                 cánsate de ser esquiva
                 con quien hoy se obliga a honrarte
                 dándote para que vivas
                 hacienda, no te resuelvas,
                 y advierte que si porfías
                 no estimando ofrecimientos
                 ni acreditando caricias,
                 que, forzado del amor
                 que mis deseos animan,
                 alborotando memorias
                 que muertos hoy resucitan,
                 me arrojaré...

Ana   ¿Cómo es eso?

Pedro   ...a que por fuerza...

Ana   No digas
                 razones que, imaginadas,
                 ofenden antes que dichas.
                 ¿Tú has de atreverte a violar
                 el solio donde autoriza
                 mi castidad su pureza,
                 mi virtud su esencia misma?
                 ¿No te cansan altiveces?
                 ¿No te ofenden demasías,
                 que ocasionando a mi padre,
                 le forzaron a que viva
                 ausente, si ya no es muerto,

15

dejando al tuyo sin vida
por desmentirle?

Pedro
                                    Doña Ana,
esas memorias me animan;
abre, o llegaré una escala,
pues hacerlo facilita
no tener reja el balcón.

Ana
¡Que esto los cielos permitan!
¡Villano! ¿Con tal vileza
piensas lavar el antigua
mancha de tu casa?

Diego
                                    ¡Ah pesia!

Juancho
                ¿Qué pesia, que te imaginas?
¿que le aguardas, que no sales,
y izis, zas?

Pedro
                        Apercebida
la traigo, llegadla aquí.

(Llegan la escalera al balcón.)

Alonso
                Abre, acaba.

Ana
                                ¡Fementida
canalla! Si no del suelo,
del cielo aguardo justicia.

Pedro
¡Oh, pesia tanta paciencia!

(Sube don Pedro.)

Ana	¡Justicia, cielos!
Juancho	¡Maldita,
	ánima seas! ¿qué esperas?

(Sale Juancho y apártale don Diego.)

Diego
                    Quita, aparta. Bien podía.
                 Baje acá, hidalgo, aunque miento;
                 que quien con mujeres libra
                 las venganzas de su espada
                 tiene mucho de gallina.

(Baja don Pedro de la escalera.)

                 Considere que esta casa
                 es, según tengo noticia,
                 de un Hurtado de Mendoza
                 A quien la fama acredita
                 con valerosas hazañas;
                 de quien, si acaso se olvida,
                 dará entera relación
                 el luto de la capilla
                 adonde su padre yace;
                 mudo ejemplo que le avisa
                 que no se atreva soberbio
                 a derramar valentías
                 con quien por mujer no tiene
                 fuerzas para resistirlas.
                 ¡Por cierto, brava facción;
                 empresa honrosa y altiva;
                 venganza bien satisfecha,
                 y a poca costa adquirida!

¿Con una dama rigores?
Mas no es mucho —¡por mi vida!—
que valientes de alfeñique
tomen venganzas de almibar.
Esta sí —¡cuerpo de Dios!—
era acción bien parecida,
con propia sangre ganada
y a estocadas adquirida,
no con mujeres. Acaben,
dejen la calle.

Ana   ¿Hay tal dicha?

....

Pedro   Hombre o diablo, ¿quién te obliga
                a que incites mi rigor?

Ana   Hombre o ángel, ¿quién te envía
                a que mi casa defiendas?

Diego   Solo la razón me incita.

Ana   Señor, ¡zis, zas!

Pedro   Si eres loco,
                presto tendrá tu osadía
                el castigo con la muerte.

Alonso   ¡Matadle! ¡Muera!

(Embisten todos con él.)

Diego   Oprimida
                la cólera por los ojos,

18

ardientes rayos conspira.
Diego Hurtado de Mendoza
soy, canalla.

Ana   ¡Hermano!

Diego   Grita,
que a castigar mis ofensas
el mismo cielo me envía.

Pedro   ¡Muera, matadle!

Juancho   ¡Zis, zas!
¡Muera esta perra judía!

(Métenlos a cuchilladas don Diego y Juancho.)

Ana   ¡Dios te libre!

(Dentro.)

Pedro   ¡Muerto soy!

Alonso   Huyamos.

Criado I   A la justicia
llamen.

(Salen don Diego y Juancho.)

Juancho   ¡Juras a Dios, liebres,
si aguardas hago cecinas!

Diego   Muerto queda.

Juancho	Ya le mueres,
	patadas des en el Chinas;
	confites pides.
Diego	¡Hermana!
Ana	Diego, ¿estás herido?
Diego	Aprisa,
	échate por esa escala.
Ana	Ya me arrojo.
Juancho	Escucha, mira;
	si tienes algo que comas,
	arroja.
Ana	No.
Diego	¿Que eso pidas?
Juancho	¿Ni vino?
Ana	Tampoco.
Juancho	¡El diablo
	juras Dios, que caminas!
Diego	Juancho, las mulas volando
	saca de León aprisa
	al camino de Rioseco.
Juancho	¿En ayunas?

Diego	Qué, ¿aún porfías?
Juancho	Lleva el diablo las muelas que tienes si no ejercitas.

(Vase Juancho. Hablan dentro.)

Uno	Saquen luces a esas rejas.
Otro	A don Pedro —¡gran desdicha!— han muerto.
Otro	Por aquí van.
Diego	La confusa vocería nos cerca; ponte en mis brazos, que en la diligencia estriba nuestro remedio.
Ana	¡Ay de mí! Hermano, salva tu vida, que yo no importo.
Diego (Cógela en brazos.)	Acabemos. ¡Adiós, pues, ciudad antigua; adiós, casa solariega, que mis pasados tenían por defensa, por sagrada, que mi fortuna me obliga que deje vuestras paredes!

(Dentro.)

Uno	Por acá.

Diego
        Mas si porfía
    Diego Hurtado de Mendoza,
    que sus blasones no olvida,
    clavará un clavo en su rueda
    por que pare en sus desdichas.

(Vanse. Salen don Luis Hurtado de Mendoza y Rodrigo, criado, y otros de camino; don Luis con hábito de Calatrava.)

Luis
    Rodrigo, dile al cochero
    que por allí era mejor,
    que éste es mal paso.

Rodrigo
                Señor,
    sabe...

Luis
    Rodrigo, no quiero.
    Déjame ver este campo
    que ha veinte años que dejé.

Rodrigo
    La noche lo impide.

Luis
         A fe
    que adonde la planta estampo
    he venido más de dos
    veces a cazar, y allí
    diviso, sí, ya la vi,
    la casa...¡Válgame Dios,
    cuánto me alegro de vella!
    ...de placer de don Rodrigo.
    Fue mi verdadero amigo;
    todo el tiempo lo atropella,

pues murió en la juventud
de su edad, buen caballero,
de cuya desdicha infiero
que también en la quietud
    llega presto el ramalazo
de la muerte. Este arroyuelo
me ha servido de consuelo.
Ya a León corto pedazo
    nos queda. No hay una legua
si ya no me acuerdo mal.

Rodrigo   Sabe, pues, que es arenal
este que pisamos.

Luis   Tregua
    pone al cansancio el gozar
de estos árboles y fuentes,
cuyas honradas corrientes
aun no saben murmurar.
    Cuando pasé por aquí,
mis hijos, aun por criar,
sin madre a quien apelar
de mi ausencia, iba sin mí.
    La yegua que me llevaba
dos mil veces maldecía,
y al paso que ella corría
mi corazón arrancaba.
    ¡Cuántas veces por los dos
hijuelos quise volver!
Y lo hiciera a no tener
temor y respeto a Dios.
    Envidia a tener llegara
del muerto, y al mismo punto
su rostro helado y difunto

recelé que me llamaba.
	Veinte años ha que partí
de esta ciudad, y otros tantos
ha que entre tristeza y llantos
a mis desdichas nací.
	No he sabido de mi casa
en este tiempo, y de mí
no han sabido.

(Dentro.)

Uno			Por aquí.

Otro			Seguidlos.

Diego				¡Ah, suerte escasa
			que me persigues!

Luis				¿Qué es esto?

Rodrigo		Como ya va amaneciendo
			un hombre admiro corriendo,
			señor, hacia aqueste puesto.

Luis			Voces distintas escucho.

(Dentro.)

Otro			Ataja; por aquí van.

(Salen don Diego con doña Ana.)

Diego			¿Dónde, desdichas, irán
			mis pasos? Pero no es mucho,

si de vosotras nací,
que me persigáis. ¿Qué es esto?
En más peligro estoy puesto;
ya la esperanza perdí.

Ana   Diego, procura librarte.

Diego   Sin ti, ¿cómo he de poder
dejándote a perecer?

Ana   El corazón se me parte.

Luis   ¿Quién va allá?

Diego   Un cuerpo sin alma
a quien persigue la muerte,
y como el alma le falta,
aunque le mate, no muere.
Mas ¿quién lo pregunta?

Luis   Un alma
que a buscar su cuerpo vuelve,
que ha días que le perdió
y no vive hasta tenerle.

Diego   La risa de la mañana,
que solo en esto parece
que me es el cielo propicio,
ilustre señor, me advierte
vuestro venerable aspecto;
que aquesas sondas de nieve
son el iris que bonanza
a mis naufragios promete.
Esa cruz que os cruza el pecho

me anima, porque no puede
pecho con tan nobles armas
no ser piadoso y prudente.
Soy noble, aquésta es mi hermana;
mujer sabia, ilustre y fuerte,
afrenta de las pasadas,
envidia de las presentes;
de vos me atrevo a fiarla,
seguro que un noble siempre
de honor favorece y honra
a quien del quiere valerse.
Si vais a León, os pido
que procuréis que no lleguen
a vengarse mis contrarios
con su infamia o con su muerte,
metedla en un monasterio;
si vais a otra parte, denme
vuestros labios la noticia,
para que, si el cielo quiere
librarme, vaya a serviros.

Luis   Caballero, tiempo es éste
en que no importan palabras;
el rey me ha hecho mercedes,
en premio de mis servicios,
de que en Oviedo gobierne
su distrito, y voy ahora
a tomar posesión; quede
por mi cuenta la opinión
de esta señora, que en este
punto la he constituido
por mi hija, y aunque pese
al mundo, la he de amparar
aunque mil vidas perdiese.

	Con esto partid seguro;
	mirad que llega la gente.

Diego   Guárdeos el cielo.

Luis   Acabad,
avisadme a Oviedo.

Diego   Queden
mis esperanzas con vos,
que si el tiempo les concede
a mis desdichas alivio,
que me prodiguen y ofenden,
Diego Hurtado de Mendoza
pagará tantas mercedes.

(Vase don Diego.)

Luis   ¿Cómo, cómo? Aguarda...

Rodrigo   Al viento
en la ligereza excede.

Luis   ¡Válgate Dios por rapaz
lo que has crecido!

Ana   Que llegue
a vuestros pies no os asombre
quien ya por su padre os tiene.

Luis   Tomad, señora, mis brazos,
que, como padre, os ofrecen
defenderos y serviros.
¿Cómo os llamáis?

Ana	Si mi suerte me hubiera dado ventura, de noble sangre deciende, Ana Hurtado de Mendoza.
Luis	Ea, las lágrimas no pueden dejar de salir. Rodrigo, ve al punto que el coche espere y mete aquesta señora en él, y por que no lleguen a conocerla, un volante cubra su rostro, y advierte al cochero, si llegasen a reconocer, que siempre digo que es doña Ana mi hija y que al camino atraviese de Oviedo, que no he de entrar ya en León.
Ana	El cielo aumente tu vida.
Rodrigo	Vamos, señora. ¡Confuso voy!

(Vanse doña Ana y Rodrigo.)

Luis	¿Qué me quieres Fortuna? ¿Cómo dispones mis desdichas de esta suerte? ¿Cuando pensé que venía entre los brazos alegres de mis hijos, los apartas

de mis ojos y previenes
otras mayores desdichas?
Cánsate ya de ofenderme.
Bien me pareció el rapaz,
alentado es y valiente,
es hijo de buena madre.
¿Qué le obligará que deje
su casa? ¡Qué confusión!
Dios te libre y Dios te lleve
a mis ojos. La rapaza
es como un oro y parece
varonil. ¡Dios me la guarde!

(Dentro.)

Uno   Ataja, que ya está cerca.

Otros   Por aquí, por aquí.

(Sale Juancho con dos frenos y la espada desnuda.)

Juancho   Lleves
                       el diablo quien tanto corres.

Luis   ¿Quién va allá?

Juancho   Un hombre que tienes
                       mucha gana de comer
                       y menos de que le cuelgues.

Luis   ¿De quién huyes?

Juancho   De gallinas
                       plumas escribanos tienes,

garras tienes alguaciles,
alones tienes corchetes,
y cuerpo tienes soplones,
mulas quitas lo que sientes
el freno arranco y les dejo
sin timón que les gobierne.
¿Tiénele pan su merced?

Luis   Sin duda criado es éste
de Diego. Decid, soldado,
si acaso decir se puede:
¿servís a don Diego Hurtado
de Mendoza?

Juancho   Mi amo es ése,
aunque pese al mundo.

Luis   ¡Ah noble
nación! Pues no es tiempo aquéste
de dejarle; aquesta bolsa
tomad, amigo, y diréisle
que su padre se la envía.

Juancho   Su padre ha mucho que mueres.
¿Qué diablos dices?

Luis   Andad,
que yo sé bien que él me entiende;
atravesad ese monte,
que esos riscos que pretenden
ser columnas en que estriban
del hemisferio los ejes
le esconden.

Juancho	Pues ¿hacia dónde cámina?
Luis	A mí me parece que a Oviedo.
Juancho	¡Juras a Dios que si no vienes la muerte que le tienes de seguir, aunque el diablo se le lleve! Mas sin bebes y sin comes; buen consejo me parece poner el freno del mula, así entretendrás los dientes,

(Pónese un freno delante y otro detrás.)

Juancho, y el hambre también.
Ya el uno puesto lo tienes
y esotro póngole aquí,
que, pues no comes ni bebes
ya pues de nada le sirves
hasta que el tiempo le llegues,
bien es, Juancho sin ventura,
que ambos agujeros cierres.

(Vase con los dos frenos.)

Luis	Ya el coche va atravesando. Diego, Dios te libre y lleve a mis brazos y a mis ojos; Ana, venturosa suerte te dé el cielo por que entrambos seáis en dolor tan fuerte

el báculo de mi vida
y el descanso de mi muerte.

(Vase. Sale Toribia con capa aguadera, a lo asturiano, y con aguijada, y Lucía, su criada, de la misma suerte; haya ruido de carretas y cantará Lucía al son del ruido de la carreta.)

Lucía   «Que ya as doncelas de León
                  libertadiñas son.
                  O rey Mauregato,
                  menguado y traidor,
                  al cordobés moro
                  en feudo las dio.
                  Dios nos guarde el rey
                  que las libertó
                  que ya as doncelas de León
                  libertadiñas son.»

Toribia   Locía.

Lucía   ¿Qué mandas?

Toribia   Ten
                  esos güeyes aguidados
                  y pazcan en esos prados
                  sin las coyundas también.
                      Échales heno.

Lucía   El mohíno
                  en la laguna bebió;
                  pero luego que acabó
                  la echó por otro camino,
                      aunque poco más sobida
                  de color.

Toribia	Mis güeyes son,
	Locía, en toda ocasión,
	de condición muy comprida,
	   si un arroyo se desata
	y beben por su decoro,
	al punto pagan en oro
	lo que bibieron en prata.
	   Cuando los hace cosquillas
	el prado alegre y sotil,
	si le comen peregil
	le vuelven albondiguillas.
	   Cuando de esta sierra el rizo
	de la nieve el hielo afila
	y a estas faldas se destila
	con perpetuo romadizo.
	   si de cualquiera manera
	abrigo los damos luego,
	tortas nos dan para el huego
	de bizcocho de galera.
	   Corteses por maravilla
	son siempre, si en mi conciencia,
	que hacen una reverencia,
	que quiebran una costilla.
	   Todas las virtudes se hallan
	en ellos, pues, divertidos,
	son güenos para maridos
	que sufren, comen y callan.

Lucía	Esto de ser saterica, ¿cuál diablo te lo ha enseñado?
Toribia	Cualquier villano es lletrado si a las malicias se aprica.

33

Desunce los güeyes.

Lucía   Voy.
                    Verá lo que hace el bragado
                    zagüey.

(Vase Lucía.)

Toribia   En aqueste prado
                    me asiento, cansada estoy.
                       ¡Válgame Dios que es de ver
                    amanecer la mañana
                    con su capote de grana
                    cuando juega al esconder
                       el Sol, que aún no conocido
                    con halagos lisonjeros,
                    mos viene haciendo pucheros
                    tembrando y recién nacido!
                       ¡Válganme en esta ocasión
                    todos los siete durmientes!

(Échase al pie del monte a dormir, y dice Lucía dentro.)

Lucía   ¿Qué toyes? ¡Ruego en los dientes
                    zagüey con la maldición!

(Canta Lucía.)   «Las tres periñas do ramo —¡oy!—
                    son para vos meo amo.»

(Mientras va cantando asoma por lo alto de un monte don Diego, lleno de polvo
y mirando abajo.)

Diego   Ya apenas puedo mover,
                    valor, los cansados pasos;

no sé por dónde descienda,
que sois tan fragosos y altos,
que incontrastables os miro
y os admiro temerarios.
Con las nubes competís
y ansí podéis alabaros
de que en tan alto habéis puesto
un hombre tan desdichado.
Si esta senda permitiera,
por dicha, bajar al llano,
fuera alivio de mis penas.

(Va bajando.)   Parece que ha abierto paso
el cielo a mis desventuras;
algún arroyo ha dejado
esta mal formada senda;
gente parece que abajo
asiste; unos bueyes miro
paciendo, y allí cantando
está un pastor. Llamar quiero,
quizá llevará un bocado
de pan. ¡Ah, pastor amigo!
¡Hola! ¡Ah, pastor!

(Recuerda.)

Toribia   ¿Quién diabros
mos corrompe el sueño?

Diego   ¡Cielo!
¡Parece que estoy soñando!

Toribia   ¿A quién gritas o qué quieres?

Diego   Zagala, que esos peñascos

35

parece que por deidad
para mi bien te guardaron,
sabe, pues, que vengo huyendo
de mí mismo; porque traigo,
por sombra de mis acciones,
la desdicha de mis hados.
Nací en León, donde anoche,
apenas recién llegado
de Cádiz, donde a mi rey,
resuelto y determinado
quise ofrecerle mi vida
por víctima de mis años,
arriesgada en su defensa,
en el furioso rebato
que el inglés le presentó,
bien a costa de su daño,
al fin llegando fue fuerza
que, intentando hacerme agravio,
a un caballero le diera
muerte; siguiéronme cuantos
parientes tiene y también
la justicia, háme guardado
el cielo para que ahora
viniese a dar en tus manos.

Toribia   Afligido caballero,
a buen puerto habéis llegado;
bajad, no tengáis temor,
que por los cielos sagrados,
que a quien intente ofenderos,
que a quien presuma enojaron,
como si fueran gorriones
los mate con ese palo.
Estas montañas habita

mi padre, un noble serrano;
es dueño de cuanto miran
vuesos ojos, que esos pagos
todos le rienden tributos
y le sustentan ganados.
Tiene dos hijos, que somos
yo y Sancho Díaz mi hermano.
Vengo ahora de León
de vender en esos carros
la manteca y el carbón
uno prieto y otro blanco,
ca cá non damos concetos
como allá los cortesanos.
Sentaos, que seguro estáis
y comeréis entre tanto,
que allá en casa se os aliña
algún locido regalo
pan y queso, que aquesto es
el más sabroso en el campo.
Sentaos y descansaréis.

(Siéntase y saca de las alforjas pan y queso.)

Diego   Solo con veros descanso.

Toribia   Pues si descansáis con verme,
                         id comiendo y descansando,
                         que yo me pondré aquí enfrente.

Diego   En vos, sin duda, juntaron
                         la piedad y la hermosura
                         mucha gracia en pocos años.

(Come. Sale Juancho por lo alto de otro monte con los frenos puestos.)

Juancho	¡Juras a Dios que esta tierra es buena para milanos! Campo lleno de verrugas, ¿cuándo llegarás al llano? Tú, Juancho, ya que no comes, cantando siéntate un rato.

(Siéntase y canta mirando abajo.)

	«¿Quién quieres pan que lo arrojo, tres días ha que no como?»
Diego	¡Vive Dios que aquella voz la conozco! ¡Juancho, ah, Juancho!
Juancho	¿Quién llamas Juancho? ¿Qué es esto? .... [-a-o]
Diego	Juancho, baja, que aquí tengo, que comas.
Juancho	Estáis soñando, pues no tienes por adónde mejor bajarás rodando.
(Échase a rodar.)	¡El diablo llevas el frenos! Las narices me he quebrado.
Diego	¿Cómo los traes ansí?
Juancho	No es tiempo para contarlo; hartaré pan y después dirélo. ¿Quién te le ha dado?

Diego   Esta serrana piadosa
           que hoy ha de ser nuestro amparo.

Juancho   ¡Oh, serrana panadera!
           Deja besaré el zancajo.

Toribia   Levantaos, Juancho, comed;
           que despúes podréis besarlo.

(Sale Lucía.)

Lucía   Ya es hora, si te parece,
           que nos vamos. ¡San Hilario!
           ¿con hombres estás, Toribia?

Toribia   Calla, que es un hombre honrado,
           caballero de León,
           que, huyendo por ciertos casos,
           llegó triste y afligido
           nor entre esos riscos altos
           a pedirme pan; y a fe
           que lo hubiera perdonado,
           porque no sé qué cosquillas
           siento en el alma.

Lucía   Es gallardo.
           ¿Y estotro quién es?

Toribia   Estotro
           diz que es Juancho, su criado.

Lucía   Pues, Toribia, a Juancho alojo,
           porque si hubiera arrebato
           adonde muriese Ero,

es bien que muera Leandro.

....

En el alma encaramado
le tengo ya.

Juancho   ¿Qué me dices?
Hasme un puchero.

Lucía   Y aun cuatro.

Juancho   Si le tienes algo dentro
comeremos un bocado.

Lucía   ¡Alto, a subir!

Juancho   Vamos, pues.
(Aparte.)   (¡Matada me llevas, Juancho!
¿Al diablo le das amor?)

(Vanse Lucía y Juancho.)

Diego   No eres para panciflcos.

Toribia   Ya unce Locía, ven
y no me engañes.

Diego   Si engaño
te hago, muera, Toribia,
a tus bellísimas manos.

Toribia   ¡Qué de embustes, qué de enredos
hechiceros cortesanos,
algún diabro os trujo aquí!

Diego   ¿Queréis darme una mano,
                         que estoy cansado?

Toribia   Y aun dos.

(Ásense de las manos, y va Toribia tirando de él.)

(Aparte.)   (¡Ay Dios, qué blancos pedazos
                         de ñeve; no sé qué siento
                         parece que estoy temblando,
                         y a un tiempo mismo parece
                         me acucian con gozo y llanto,
                         aquí, en los ojos, cosquillas;
                         aquí, en el pecho, milanos.)

(Vanse asidos.)

                         Fin de la primera jornada

Jornada segunda

(Salen Toribia y Lucía.)

Toribia   Como digo de mi cuento,
en la carreta sobió
cansado, y lo que pasó
prega a Dios que sea en descuento
    de mis pecados, amén:
porque cuando me miraba
blandos ojuelos me echaba,
más que fruta de sartén.
    Yo, que estaba corrompida,
queriendo desimular,
aun no le osaba mirar
vergonzosa y encogida,
    y con palabras fulleras
comenzándome a agarrar,
pardiez, que quería pasar
de las burlas a las veras.
    Yo, que turbiada miré
al mozo, con bravo ahínco
rempujéle, y con un brinco
de la carreta salté.
    Llegamos a casa, al fin,
él triste, yo mesurada,
que este honor, esta nonada
es de los gustos mal fin.
    Mal haya su opiñón vana,
pues, en casos diferentes,
les hace hacer a las gentes
lo que no tienen en gana.

Lucía   Crudelia fuiste con él,

Toribia, sí en mi verdad,
que un pecilgo no es maldad
que corrompió el arancel.

    Mi Juancho hué más cortés,
en la carreta sobió,
y a la larga se tendió
encaramando los pies
    sobre una estaca, y mohino
porque el vino le faltó,
al columpio se durmió
roncando como un cochino.
    Nuesa carreta chillaba
y él, al paso que groñía,
el contrabajo llevaba.
Yo pasé muy malos ratos
    porque, como era a porfía,
todo junto parecía
una capilla de gatos:
la carreta el ponedor
    donde los libros están,
el pértigo el sacristán
que los vuelve alrededor,
y porque esto viene a punto,
    una capilla tan brava
el un güey les enseñaba
con la cola el contrapunto.

Toribia   Padre viene.

(Salen Mendo, viejo, y Sancho su hijo, de villanos, y Rodrigo, don Luis y doña
Ana.)

Luis   El coche queda
                          a la falda de esos riscos,

a quien coronan lentiscos
y apacible murta enreda.
   Es tan fragoso el camino,
que por él precipitado,
siendo mirador del prado,
fui de las nubes vecino.
   Viendo imposible el remedio
en fortuna tan cruel,
sacar a mi hija de él
tuve por más sano medio,
   y al fin con ella en la yegua
vengo a que le encaminéis.

Medo   Bien presto verle podéis,
que aun no hay un cuarto de legua.
   Sancho, salta en la tordilla
y por el collado abajo,
le guía por el atajo
que pára en la fuentecilla
   del Olmo, que por allí
vendrá a placer.

Sancho   A eso voy.
Descansad, mientras que doy
a vuestro cuidado ansí
   sosiego, hermosa señora.
Si el coche cuidado os da
no lloréis, porque vendrá
(Aparte.)   presto. (¡Por el coche llora!
   ¡Quién fuera coche! ¡Ay de mí!)

Medo   Sancho: vuela, acaba pues.

Sancho (Aparte.)   (De promo tengo los pies

después que estos ojos vi.
  ¡Voto al Sol! Ojos serenos,
si es que el coche os causa enojos,
que os traiga el coche en mis ojos
y esto será lo de menos.)

(Vase Sancho.)

Luis
    Hija, divierte el cuidado
que tus tristezas te dan,
que yo espero que tendrán
consuelo presto.

Ana
         Si enfado
os causa, señor, el ver
afectos del corazón,
son hijos de una pasión
a quien no puedo vencer.
  Si un bien solo que tenía,
cuando apenas le gocé,
ya su muerte contemplé
y entre su muerte la mía,
  que celebre no os espante
con lágrimas mi dolor.

Toribia (Aparte.)
(A ésa le hirió el Amor
pues trae dolor semejante.)
  ¡Para Dios, que no tengamos
algo en que entendel, Locía!

Medo
Descansad, por vida mía,
aquí esta noche.

Luis
       No vamos

	para sosegar, que ponen
	de aquí a Oviedo cinco leguas.
Medo	Poned al cansancio treguas,
	pues mis venturas disponen
	que tenga esta humilde choza
	todo el bien que ha deseado.
Luis	Un afligido cuidado
	mal con temores reposa:
	hoy a Oviedo he de llegar,
	que, como os he dicho, allí
	voy a gobierno.
Ana	¡Ay, de mí!
Medo	Alto, pues; haz aliñar,
	Toribia, algo que comer.
Luis	¿Es hija?
Medo	En casa nació
	y mi mujer la parió,
	y entonces había de haber
	dos años que nos casamos.
Luis	Buenas señas.
Medo	Llega acá,
	mochacha.
Luis	Razón será,
	cuando en vuestra casa estamos,
	señora, que nos mandéis

en que os podamos servir.

Ana
No procuréis encubrir
dos mil gracias que tenéis.

Toribia
¿Dos mil gracias? ¿Soy la cuenta
de perdón?

Luis
¡Donosa ha andado!

Ana
Sois tan bella que he dudado
si alabaros es afrenta,
porque alabanza no cabe
en la perfección mayor.

Toribia
¡Alabáme vos, señor,
que no hay acá quien me alabe!
De esta suerte, padre, vos
alabá aquesta señora;
decidle que es Sol y aurora
y estaremos dos a dos.

Luis
¿Quién es esotra serrana?

Lucía
¿Quieren alabarme?

Toribia
Sí;
también habrá para ti.

Lucía
Alaben hasta mañana,
no doy más que esto.

Luis
El despejo
aumenta más su hermosura.

Toribia	Acá nos requiebra el cura,
	pero es amante a lo viejo;
	para toda la semana
	tiene requiebros bastantes,
	que, como los estudiantes,
	los enjugó una mañana.
	Los días de carne diz
	que es nuestro rostro hechicero,
	más sabroso que el carnero,
	más tierno que la perdiz.
	Los sábados no hay morcilla
	que esté al humero segura,
	es nuesa boca asadura,
	nuesos ojos pajarilla.
	Mas yo, a mi mal entender,
	he llegado a pergeñar
	que él pide con requebrar
	lo que quijera comer.
	.... [-eta]
	.... [-osa].
Ana	Vos sois discreta y hermosa
	y en las dos cosas perfeta.
Medo	Rapaza, ¿quién te ha mostrado
	aquesas bachillerías?
Lucía	Ellas vienen con los días,
	que, aunque mos hemos criado
	con las cabras y los güeyes,
	en buena conversación
	entre estos riscos que son
	su corte, si ellos sus reyes,

también sabemos habrar.

Luis	Donosa es la labradora.
Medo	Entrad, hermosa señora, donde podáis descansar, que a fe que vendréis cansada. Mochachas, a componer lo que habemos de comer.
Lucía	La olla está aderezada.
Medo	Asa un poco de jamón; Toribia, ve a la cocina, haz matar una gallina, y si no mata un capón.
Lucía	¿Qué capón han de matar? ¿Hamos de matar aquí lo que hamos criado?

(Llora.)

Medo	Sí. ¿Por aqueso has de llorar?
Lucía	Herodes de esos capones han sido esos caballeros.
Toribia	Calla, no hagas pucheros.
Lucía	No he de sufrir sinrazones...
Toribia	Dalos a la maldición.

50

Locía, parte a matallos,
que hay capones que son gallos
en llegando la ocasión.

Lucía   Eso siento si lo dudas,
que es quedar, aunque lo abones,
quitándoles los capones
muchas gallinas viudas.

Toribia   ¿Ónde el mi querido hué?

Lucía   Como acabó de almorzar,
cansado, se entró a acostar,
y durmiendo le dejé.
    Él mi Juancho en el pajar
ronca como un descosido.

Toribia   Esta ninfa ca venido
ma dado que sospechar.
    No quijera que lo vea
¡Prega a Dios!

Lucía   ¿Qué pregas?

Toribia   ¿Qué?
Vamos y te lo diré;
prego que orégano sea.

(Vanse las Toribia y Lucía.)

Luis   ¿Y ha mucho que estáis aquí?

Medo   Más de treinta años habrá
que aquesos presumo que ha

que para vivir nací.
　　Mas esto no es para ahora,
entremos en casa.

Luis　　　　　　　　　　　Vamos.

Medo　　　　　Puesto que no merezcamos
veros alegre, señora,
　　entrad y descansaréis.
Comeremos un bocado.

Ana　　　　　En aqueste verde prado
os suplico me dejéis
　　un rato por divertir
con sus flores mi tristeza.

Medo　　　　　Pensión es de la belleza
tener siempre que sentir.

Luis　　　　　　Ana, procura alegrarte;
conmigo estás y yo soy
quien fe y palabra te doy
que no tengo de faltarte
　　aunque mil vidas perdiera.

Ana　　　　　Mi sentimiento, señor,
no pone duda en tu amor.

Luis　　　　　Sabe el cielo que quisiera
　　tu contento y tu quietud
más que el mío; si, ¡por Dios!
Vamos, señora, los dos.

(Aparte.)　　　　(¡Quién pudiera esta inquietud
　　consolar! Mas no conviene.

52

Hija, callemos, quizá
el callar importará
al remedio que previene
   mi amor en tan triste suerte,
pues no siendo conocido
valdré a mi hijo querido
librándolo de la muerte.)

(Vanse Mendo y don Luis.)

Ana   ¡Buen lance habemos echado!
Tras de tantas desventuras
que en mi daño mal seguras
ni cesan ni se han cansado,
yo he llegado
a la desdicha mayor,
pues cuando esperé favor
para mis daños,
hallo de súpito en años
recién nacido el amor.
   Cuando, huyendo de mi suerte,
infelices pasos daba
y tímida tropezaba
en los brazos de la muerte
—¡trance fuerte!
¡triste estrella! ¡adverso hado!—
advierto en mi triste estado
—¡qué rigor!—
que es la desdicha menor
morir para un desdichado.

(Sale Sancho.)

Sancho   Ya por quebrarle los ojos

a quien os le pudo dar,
el coche truje a pesar
suyo. Cesen los enojos,
que en despojos
de tan celestial pintura,
le pediré a mi ventura
por favor
que ya que me dió el amor,
no me niegue esa hermosura.

   ¡Pardiez! Si he de hablar verdad,
bien se me puede creer
que sois la primer mujer
que rindió mi voluntad,
y pensad
que me siento tan glorioso
en este lance amoroso,
que he creído
que siendo vuestro vencido
he quedado victorioso.

   ¡Mala Pascua me dé Dios
si en el punto que os miré
de la suerte no dudé
cuál fue mayor en los dos!
Admiro en vos
una perfección discreta,
por miraros,
que la vista más perfeta
entre prodigios tan raros
se exhala como cometa,

   y quisiera preguntar,
porque deseo saber,
¿cómo enseñáis a querer
a quien, nunca supo amar?
Que es de admirar

que a tantos en las cadenas
enlacen a manos llenas
vuestros labios
a cuchilladas de agravios
y a puñaladas de penas.

Ana
    Quien tan bien sabe decir
lo que desea explicar,
si es que no ha sabido amar,
¿cómo ha sabido sentir?
Séos decir
que si os falta sentimiento,
que en tan amargo tormento
puedo enseñaros
a sentir con obligaros
sintiendo lo que yo siento;
    y si es que acaso es verdad
que os debo alguna afición,
débaos en esta ocasión
gozar de esta soledad.

Sancho
Ordenad
lo que fuéredes servida;
la obediencia me convida,
porque espero
que conozcáis lo que os quiero,
pues me aparto de mi vida.

(Vase Sancho. Salen por otra puerta don Diego y Juancho.)

Diego
    No he podido sosegar,
Juancho, porque considero
la poca seguridad
que en aquesta casa tengo.

Mis contrarios me persiguen
tan furiosos y soberbios,
que de esos riscos umbrosos
habrán contado los senos.
No sé qué remedio intente.

Juancho   Al diablo le das remedio
y pulgas le das al diablo,
que en aquel pajar tenemos
hoy pulga —¡juras a Dios!—
que piensas que eres barbero
y pes pega un picotazo
que dejas a Juancho muerto.
Pulga hay que bien puede ser
con cordel mozo de ciego;
una pulga reverenda
toda vestida de negro,
piensa que es fraile benito
que te sales del convento.
¡Muerto vienes, pobre Juancho!

(Asómase Toribia al paño con un asador en la mano.)

Toribia   ¡Mal sosiega el pensamiento!
De la cocina me salgo
y a mi padre en ella dejo,
que un quillotro no me deja
poner los pies en el suelo.
Huí en busca de mi querido
y no está en el aposento;
mas helos adonde están.

Diego   Éste es el mejor consejo,
a Madrid parto esta noche

si me dejan. ¡Ana!

Ana	¡Diego!
(Abrázanse.)	¿Es posible que mis ojos
	tan, gran ventura tuvieron?

Toribia (Aparte.) (¡Concertáme estas medidas!)

Diego No creerás a qué buen tiempo
te ven los míos, doña Ana.
Sin duda ha querido el cielo
dar consuelo a mis desdichas
con tu vista.

Juancho ¿No merezco
que Juancho besas tus manos?

Ana ¡Juancho! Los brazos es premio
muy corto de tus servicios.

Toribia (Aparte.) (Para todos hay refresco.
¡Qué socorrida mujer!
¿Qué haré, que rabio de celos?)

Ana No habrá una hora que llegamos,
porque ignorando el cochero
el camino, nos perdimos
después de varios sucesos,
que en esos montes pasamos
esta noche, hasta que el cielo,
con la luz de la mañana,
nos dio en esta casa puerto.
En ella os halló ventura,
que solo pudiera serlo

entre tan grandes desdichas
como nos siguen; bien veo
que os ha de añadir disgustos
lo que contaros pretendo,
pero acudo al menor daño.
Diego, aqueste caballero
en cuyo poder quedé
no me agrada, porque es cierto
que goza de la ocasión,
como otros muchos lo han hecho.
Desde que me vio la cara,
con ternezas, con requiebros,
apretándome las manos,
dando suspiros al cielo,
me ha declarado su amor,
aunque con término honesto.
Es poderoso, y va a ser
gobernador en Oviedo,
cosa que puede animarle
a conseguir sus intentos.
Pues la suerte os trajo aquí,
no conviene ni quiero
que en su poder me dejéis.

Diego   ¡Ea, desdichas! ¡A un tiempo
todas juntas, que ya es hora
de cumplir vuestros deseos!
¡Matadme, que poco falta!

Juancho   ¡Llévese diablo por viejo!
¡Juras a Dios que le tienes
las propiedades del puerco!

Toribia (Aparte.)   (¡Hemos negociado bien!)

Diego	¡Alto! Vamos al remedio,
	que las determinaciones
	son hijas de los discretos.
	No quiero que con él vayas
	ni que te quedes, que es cierto
	que aquí no has de estar segura.
	Esta noche, en el silencio
	de su oscuridad, sin dar
	a ninguno cuenta de esto,
	te prevén, que he de llevarte,
	tomando por instrumento
	de las muchas de ese prado,
	dos yeguas, hijas del viento,
	para hacerlo.
Juancho	Ya le tienes
	juras a Dios lindos frenos
	y yo sabes donde hay sillas,
	y por el corral podemos
	echarlas.
Diego	Bien lo has pensado.
Toribia (Aparte.)	(Muy buen despacho tenemos.
	¿No hay son echar y freír,
	como si hueran buñuelos?)
Diego	A las diez en esta puerta
	has de estar, porque al momento
	que Juancho ensilla las yeguas
	nos vamos.
Ana	Bien lo has dispuesto;

pero, porque la Fortuna
no atropelle mis deseos,
cuando las tengas a punto,
háblame en entrando recio,
porque á la voz te conozca.

Diego   Bien dices, y por más cierto,
será el hablarme en entrando,
la seña.

Ana   De aquese acuerdo
quedamos.

(Sale Rodrigo.)

Rodrigo   Ya está esperando
la comida. ¡Santos cielos!
Señor, ¿en aquesta casa?

Diego   Ansí el cielo lo ha dispuesto;
¿dónde está vuestro señor?

Rodrigo   Aquí esperando le dejo
a mi señora doña Ana
para comer.

Diego   Vamos luego,
que quiero besar sus manos.

Rodrigo   Será excesivo el contento
que tendrá con vuestra vista.

Diego (Aparte.)   (Mayor le tuviera entiendo
de no verme.) Ven doña Ana.

Juancho (Aparte.)   (Juancho, vamos allá dentro;
buena noche se te espera
trotando por esos cerros
como ahora, y harta el tripa,
que quizá le vendrá tiempo
en que cuando quieras carne
matarán al carnicero.)

Diego   Lo dicho, dicho, doña Ana.

Ana   Y lo dicho, dicho, Diego.

Juancho   Dicho lo dicho, barriga.

(Vanse, dejando a Toribia sola.)

Toribia   «Hábrame en entrando», pienso
caquesta noche ha de ser,
sin duda, mi finamiento.
¡Qué bien lo amasó el traidor
que con fingidos requiebros
embaducar pretendía
los mis sencillos deseos!
¡Qué he de hacer, triste de mí,
que me espachurran los celos!
ca cá dentro juegan cañas,
siendo la praza del cuerpo.
¡Llorad tristes ojuelos,
que Amor os tira y son sus frechas celos
y por sentir las que os están tirando
decí, Toribia, así: «hábrame en entrando»!

(Sale Lucía.)

Lucía	Toribia, padre te llama.
	¡Verá el diabro lo que ha hecho!
	¿El asador te trajiste?
	No me ha quedado abujero,
	tizón, artesa, vasar,
	horno, cocina, humero,
	espetera, despensilla,
	que he perdido el sufrimiento
	buscándole. ¿No respondes?
	¿Qué tienes que haces pucheros?
Toribia	Tengo un bien que no me entiende,
	tengo un mal que no le entiendo.
	¿Has vido al ninfo y la ninfa
	juntos?
Lucía	Sí.
Toribia	Pues eso tengo.
Lucía	Ya de comer acabaron;
	y ella, desmayos fingiendo,
	diz que se quiere acostar,
	y yo la cama le he hecho
	en la cámara de arriba.
Toribia	Ya esos desmayos entiendo.
	¡Mal desmayo le dé Dios!
	Pues se acuesta, ocasión tengo
	para corromper sus gritos
	y para lograr mi intento.
	Procura tú desnudarla
	y con sotil fingimiento

	los vestidos que le quitas
	los trascuela a mi aposento
	con secreto, que me importa.

Lucía   ¿Qué es lo que has de hacer con ello?

Toribia   Calla, y haz esto que digo.

Lucía   Callo, y hacerlo emprometo.

Toribia   Al cura le oí decir
que vestido de pellejos
le hurtó la bendición
un Jacome al heredero
de ella; y ansí pienso hacer,
que esa ropa será el vello
que la bendición que busco
magarre por los cabellos.

(Vanse. Salen don Diego y don Luis.)

Luis   Si estáis determinado
no será porfiaros acertado.

Diego   Yo estoy agradecido
al gran amor que en vos he conocido;
llámanme obligaciones
que no puedo excusar.

Luis   Las ocasiones
que pueden suceder mirad primero,
que es la hermosura un enemigo fiero
y a quien la adversa suerte
tanto le dio, camina hacia la muerte

con mayor brevedad.

Diego (Aparte.)   (Ese deseo...
en sus palabras ya su intención veo.
¡Que no le haya obligado
siendo noble el haberle confiado
mi honor! ¡Pierdo el sentido!)

Luis   Que, en efecto, señor, solo y perdido
huyendo de la muerte,
¿os queréis encargar de aquesa suerte
de una mujer hermosa?
No lo acertáis, y, adviértoos una cosa,
por el hábito santo
de San Benito, a quien venero tanto;
por la sangre heredada
tan limpia y noble como desdichada,
que estaba en mi poder esa señora
más bien guardada que no queda ahora,
y quererla llevar no os lo aseguro;
no me habéis conocido, que yo os juro
que a conocerme...

Diego (Aparte.)   (¡Ay cielos,
sin duda al viejo le atormentan celos!
Me he desengañado
del falso trato que conmigo ha usado.)
En mi poder está...

Luis   No está.

Diego   ¿Qué es esto?

Luis   ¡Dañosas rapazadas! ¡Alto, presto!

	Pongan el coche y vamos.
Rodrigo	Ya está puesto, señor.
Luis	¿A qué aguardamos?
	Quedaos con ella que, por vida mía,
	que os acordéis de mí quizá algún día...
	Llévola yo a mi casa...
(Aparte.)	(¡Ay, hija amada, el alma se me abrasa!)
	¡...venís a quitarla
	de quien le daba honor! ¿Queréis llevarla
	a que guarde ganado?
	¡Pobre muchacha, lástima me ha dado!
Diego	¡Si no mirara...
Luis	¿Cómo es eso, cómo?
	Canas de acero calzan piés de plomo.
	Yo soy quien he tenido
	lo que no puede ser bien parecido.
	Si hacerlo no os agrada,
	no miréis en respetos, que mi espada,
	cansada de matar los enemigos,
	bien sabrá responder a los amigos.
Diego	Ya apretáis demasiado.
	Aquí en vuestra presencia he reparado...
	No sé qué soberanos
	impulsos me enmudecen; que las manos
	aun no acierto a movellas.
	Debe ser unión de las estrellas
	lo que aquí me detiene.
	Idos con Dios, pues tanta fuerza tiene
	que no habiendo temido,

temo venceros por quedar vencido,
y no pudiendo hablaros
temo el oíros. Temo el replicaros.

(Vase don Diego.)

Luis   Muerto va y solo quedo.

Rodrigo   Declárate señor.

Luis   Eso no puedo
                        que ahora no conviene,
                        que quiero ver si algún remedio tiene
                        con el cargo que hoy llevo
                        su libertad.

Rodrigo   Ya se ha escondido Febo,
                        quédate aquesta noche
                        en esta casa.

Luis   No, camine el coche.
                        Pica a Oviedo que importa.

Rodrigo   A Oviedo pica.

Luis   La jornada es corta.
(Aparte.)   (¡Qué triste fue el mozuelo!
                        Más triste quedo yo, sábelo el cielo.
                        ¡Ay, mi hija querida,
                        aún no gozada cuando ya perdida!
                        ¿Cuándo querrá mi suerte
                        que alegre os goce hasta esperar la muerte?)

(Vanse. Sale Lucía con un candilón y los vestidos y Toribia.)

Toribia	¿Cerraste la puerta?
Lucía	Sí, ya la he cerrado.
Toribia	Cuelga el candilón en aquese cravo. ¿Sintióte la ninfa?
Lucía	No, ca al ir entrando, por no her roído, quité los zapatos.
Toribia	Pues desnuda presto.
Lucía	Ya tienes quitado la saya y sayuelo.

(Siéntase en el suelo.)

Toribia	Desprende el tocado apriesa, Locía, mientras me descalzo.

(Queda en mantegüelo.)

Lucía	Ya todo está hecho. ¿Por qué tas quitado los zapatos?
Toribia	¡Bestia! ¿Cabrán en los zancos? Dácalos acá.

(Dale los chapines.)

Lucía   Aquí están.

Toribia   ¡San Pablo!
                      Llega acá, Locía;
                      llega, que me caigo.

Lucía   Quítatelos, pues.

Toribia   Yo me iré enseñando,
                      ca Amor es maestro
                      en aquestos casos.
                      Daca los corpiños.

Lucía   Como están cerrados
                      por delante...

Toribia   Enseña,
                      oigan el diabro,
                      por detrás se atacan.

(Pónese el jubón.)

Lucía   Las damas de hogaño,
                      siguiendo lo culto,
                      huyen de lo craso.

Toribia   Pon presto.

Lucía   Ya pongo.
                      ¡Cristo soberano,
                      cuántos agujeros!

68

Toribia	No estiraces tanto,
	que me harás caer.
Lucía	Todo está atacado;
	¿qué quieres ahora?
Toribia	Dame ese refajo.
Lucía	Allá va; ¿qué es esto?

(Saca las enaguas.)

Toribia	¿Qué trojiste, diabro?
	¿Es frontal de igreja?
	Ten de aqueste lado.

(Extiéndelas todas, que han de estar cosidas por delante.)

	¿Quieres apostar
	que trojiste acaso
	la funda del coche?
Lucía	No, que es muy galano.
Toribia	Ya caigo en lo que es:
	manta de caballo.
Lucía	¿Tan larga?
Toribia	Alto, pues;
	voyme rodeando
	esta faja al cuerpo.

(Va dando vueltas Toribia, dándose las enaguas, y Lucía teniendo el otro canto.)

Lucía	Muy bien lo has pensado, casi la traía.
Toribia	Ata esos dos cabos; venga ahora esotro presto.
Lucía	No ha quedado ya más que la ropa.

(Pónese la ropa.)

Toribia	¡Qué cuello tan alto! Lucía, parece pescuezo de ganso.
Lucía	¿Por qué ansí lo hacen?
Toribia	Porque yo he pensado que los traen ansí éstas, por si acaso algún caballero, tierno enamorado, quiere visitar sus compuestos labios, con el pie de amigo no pueden lograrlo.
Lucía	Esta caja vino acá entre los hatos.
Toribia	¿Qué hay dentro?

Lucía	abellos.

| Toribia | ¿Si sa trasquilado
con el berrenchín? |
|---------|----------------|

| Lucía | Que son del tocado
tienen trazaderas,
si no es que me engaño,
estos son pericos. |
|-------|----------------|

| Toribia | Pon, que no me espanto
que caiga quien tiene
perico en los cascos.
Daca la valona. |
|---------|----------------|

| Lucía | Está como un mayo;
toma no te ahoje. |
|-------|----------------|

Toribia	¿Y padre?

| Lucía | Sentado
quedaba en el huego
con Sancho tu hermano,
que de estas visitas
quedaba cansado. |
|-------|----------------|

| Toribia | Si por mí pregunta
di que me he acostado. |
|---------|----------------|

| Lucía | ¿Qué hará la señora
cuando ande buscando
sus vestidos? |
|-------|----------------|

Toribia	Muera,

pues me está matando.
Arrímate á mí.

(Toma el candil Lucía, arrímase a Toribia y vanse entrando.)

Lucía   Válgate el calvario
                                de Nueso Señor.
                                ¡Linda estás!

Toribia   ¿Te agrado?
                                Vete poco a poco.

Lucía   Si yo huera macho
                                todo estaba hecho.

Toribia   ¡Ay! Amante falso,
                                aquesto mobriga;
                                «hábrame en entrando».

(Vanse. Salen Alonso de Bustos y otros tres caballeros, con pistolas, botas y espuelas.)

Alonso   Los caballos apartad
                                detrás de aquese ribazo,
                                que, según traigo noticia,
                                presto atajaré los pasos
                                del que ya segunda vez
                                más afrentas ha intentado.
                                Los caballos aun no pueden,
                                consumidos del cansancio,
                                pacer la hierba.

Caballero II   El postrero
                                ha sido bellaco rato

72

que han llevado.

Caballero III
                              La noticia
que nos dio aquel aldeano
de los bueyes importó.

Alonso
                    Ahí os quedad retirados,
veré si en aquesta casa
quizá quieran hospedarnos
solo por aquesta noche.

(Vanse los tres caballeros.)

                    Yo apostaré que acostados
estarán ya. ¡Ah, buena gente!
(Da golpes.)   Abrid. Habladme en entrando.

(Sale Toribia.)

Toribia
                    La seña es ésta, aquí estoy
aguardando, Diego Hurtado,
doña Ana soy.

Alonso (Aparte.)
                              (¡Santos cielos!
¿Qué es esto?)

Toribia
                              ¿Están aliñados
los caballos?

Alonso (Aparte.)
                              (Fingir quiero.)
Ya están a punto.

Toribia
                              Pues vamos.
(Aparte.)   (¡Voto al Sol, que habéis de ser

mi marido!)

Alonso (Aparte.)   (El cielo santo,
sin prevenir, la venganza
la trujo el cielo a mis manos.)

(Llévasela. Sale doña Ana mal vestida de villana.)

Ana   ¿Si habrá mi hermano venido,
que no sé quién me ha quitado
los vestidos que tenía
prevenidos para el caso;
y en buscar éstos que tengo
presumo que me he tardado?
Si bien más segura voy
en este traje.

(Salen Luis y Rodrigo.)

Luis   Cansado
llego; mas ¿cómo, Rodrigo,
tendré sin vida descanso?

Rodrigo   Señor, del camino vuelves;
¿qué piensas?

Luis   He imaginado
el peligro en que a mi hija
dejé entre aquestos villanos,
y ansí he resuelto decirle
quién soy, y llevarla.

Ana   Pasos
siento. ¿Si es Diego?

74

Luis	¿Qué es esto?
	Un bulto, si no me engaño,
	miro a la puerta. ¿Quién va?

(Llega y agárrala.)

Ana	¡No es Diego, ay Dios!

Luis	Sosegaos.

Ana	Ya os conozco, ya os conozco;
	mirad que vendrá mi hermano,
	y que si intentáis mi ofensa
	tengo valor, tengo manos
	para mataros.

Luis	¡Ay, hija!
	¡Dame mil veces tus brazos!
	Soy tu padre, Luis Hurtado
	de Mendoza. Trae, Rodrigo,
	la yegua.

(Va Rodrigo por ella.)

Ana	¡Oh, padre amado!
	¿Es posible que te veo?
	Dame otra vez esos brazos.

(Asómase Lucía a la puerta y velos abrazar.)

Lucía	¡Eso sí, cuerpo de tal!

Luis	Vente conmigo.

Ana	¿Y mi hermano?
Luis	Por ahora no conviene que sepa quién soy.
Ana	Pues vamos. ¿Ni ha de saber dónde voy?
Luis	Después.
Ana	Besaré tus manos dos mil veces:

(Sale Rodrigo.)

Rodrigo	Ya está aquí la yegua.
Ana	¡Cielos sagrados, tal suerte en tanta desdicha!
Luis	¡Vamos!

(Vanse y llévansela.)

Lucía	¡Hábrame en entrando! Hoy despacha el viejo verde; pardiez, lindo lance ha sido. ¡Hola, hao! Que se la lleva. ¡Oh Mendo, oh señor, oh Sancho!

(Salen por una puerta don Diego y Juancho, y por otra Sancho.)

Sancho	¿De qué das voces? ¿Qué ha habido?
Diego	Alguna desdicha aguardo.
Lucía	¡Que se llevan a doña Ana!
Diego	¿A quién?
Sancho	¿A quién?
Lucía (A Diego.)	¡San Hilario! ¿Vos estáis aquí?
Diego	Aquí estoy.
Lucía	Pues otro «hábrame en entrando» [ya se ha llevado] a Toribia.
Sancho	¿A mi hermana?
Diego	¡Cielo santo: ¿Qué desdichas son aquéstas?
Juancho	¡Bien habemos negociado!
Diego	Pues ¿quién se lleva a doña Ana?
Lucía	Ese viejo a cuyo cargo vino aquí.
Diego	¡Ah falso, ah traidor!
Sancho	Y a mi hermana, ¿por qué o cuándo la llevan?

Lucía	Eso no sé.
Sancho	¿Y quién hué?
Lucía	«Hábrame en entrando.»
Diego	Juancho, vengan esas yeguas; ponte en una al punto, Sancho, que yo en estotra tras ellos al viento ligero igualo; busca a tu hermana, que yo busco la mía.
Sancho	Yo parto sin alma, pues que el honor y el amor me han robado.
Lucía	Adiós, Juancho.
Juancho	Adiós, Locía, que allá me llevas mi amo.
Lucía	Si encontrares a Toribia dile...
Juancho	¿Qué?
Lucía	«Hábrame en entrando.»

Fin de la segunda jornada

Jornada tercera

(Salen Toribia, don Alonso y tres caballeros.)

Alonso   Pues ¿qué te obligó a decir,
pastora, que eras doña Ana?

Toribia   A ser vos mi confesor
podiera decir la causa;
mas ¿qué mayor la queréis
que mirarme ataviada?
Con don y unos atavíos
a cualquier mujer honrada
la sacan de sus casillas.

Alonso   ¡Oh, nunca saliendo el alba
desengañara las dudas
de mi dichosa venganza!

Toribia   Dadle a los diabros, que a todos
mos mata y mos desengaña,
de que he podido escurrirme.
Pero ¿quién, por mi desgracia,
la seña os dijo?

Alonso   Es refrán
que acostumbro; y como a tantas
voces nadie respondió,
pareciendo que callaban
o por temor o por sueño,
acaso lo dije. ¡Extraña
manera de vestir! ¿Cómo
os pusiste las enaguas,
labradora, de esa suerte?

Toribia	Decidme, ¿cómo se llaman?
Alonso	Enaguas.
Toribia	¡Líbreme Dios! .... [-a-a]
Caballero I	¡Graciosa es la labradora!
Alonso	Y tiene extremada cara. Ya que hemos errado el tiro, entretanto que descansan los caballos, recostaos; que aquestas umbrosas hayas servirán de pabellón, cuando os ofrece la cama huésped, si bizarro abril ella florida y bizarra.
Toribia	Todos podremos hacerlo, que, pardiez, de buena gana durmiera yo a sueño suelto como un lirón.
Caballero I	¡Linda gracia! ¿Piensas dejarnos durmiendo y en un caballo, serrana, tomar las de Villadiego?
Toribia	Nunca malicias os faltan ¿Pues eso había de hacer? Yo os empeño mi palabra que heis de echarme menos cuasi

80

me vaya.

Caballero II

        Bien lo declara;
mas será después de ida.

Toribia

Pues ¿cuándo?

Caballero III

        Denle una estampa
por el aviso.

Toribia

        Y sepamos,
si yo no soy de importancia
ni en nada les he ofendido,
¿qué me quieren?

Alonso

            Que te vayas;
mas será después...

Toribia

        ¿De qué?

Alonso

   De que sepas que me abrasas.

Toribia

Pues apártese de mí.

Alonso

   Será apartarme del alma.

Toribia

Pues ¿quién se la tiene?

Alonso

            Tú.

Toribia

¿Dónde?

Alonso

   En esa hermosa cara.

Toribia	El alma de todo un cuerpo ¿cabe en mi cara?
Alonso	Serrana, en esos ojos la tienes.
Toribia	Aunque fuera de avellana es imposible caber.
Alonso	Ese donaire me mata sin piedad y sin justicia, que eres dueño de mi alma; que esos labios de coral y esas mejillas de grana me tienen muerto de amores y que me abraso, serrana, por servirte.
Toribia	Gloria a Dios, que entramos en la posada; ya no hay que pasar de ahí.
Alonso	Pues ahora solo falta que, pues el sitio convida, conmigo no seáis ingrata; vamos, gozaré tus brazos.
Toribia	¿Gozarme? Aqueso no es nada; mire si quiere otra cosa; el hombre es práctico.
Alonso	Acaba. ¿No te determinas? Pues considera que a tu casa

no has de volver si primero
no haces mi gusto.

Toribia (Aparte.)   (¡Mal haya
                  mi desdicha y no tener
                  en aquesta ocasión armas!)

Alonso   Quedaos vosotros ahí.
                  Vamos, mi bien.

Toribia (Aparte.)   (¿Esto pasa?)
                  ¿Ello no puede ser menos?

Alonso   ¡Por ningún caso!

Toribia   Pues vaya
                  con el diabro.

Alonso   Vamos, pues.
                  Loco voy.

(Van andando, y al pasar por junto a los criados, Toribia le quita la espada a uno.)

Toribia   ¡Fiera canallia!
                  Amansad vuesos deseos
                  con la punta de esa espada.

Alonso   ¿Qué intentas, bárbara?

(Sale Sancho.)

Sancho (Aparte.)   (Creo,
                  si la vista no me engaña,

que llegamos a buen tiempo.)

Toribia

¿Pensabas que aunque aldeana
rústica, en aquesas sierras,
entre sus peñas criada;
no tengo valor ni manos
para defender osada
el honor, preciosa joya,
vivo caratiel del alma?
Engañáisos, que en defensa
suya os mataré.

Alonso

Ya pasa
de locura, lo que emprendes,
y por esa misma causa
te he de gozar, o la vida
has de perder.

Toribia

¡Brava hazaña,
para un noble caballero
es ensangrentar su espada
en una humilde mujer!
Mas no importa; ensangrentadla
si podéis, que —¡vive Dios!—
caballero de mohatra,
que teniendo de mi parte;
la razón que me acompaña,
la noble sangre que heredado,
pienso haceros mil tajadas;
que los galanes de hogaño
gastan en calzón y mangas.
Embestí.

Alonso

¡Viven los cielos!

Que en esta ocasión me holgara
que en tu defensa tuvieras
quien estorbar intentara
mi gusto. Acabad, ¿qué es esto?
Si se defiende, matadla.

Sancho No matarán, que aquí está
quien, saliendo a la demanda,
os cumplirá ese deseo.

Toribia ¡Hermano, toquen alarma!
¡Muera esta gente roín!

Alonso Agora saco la espada
para castigarte.

Caballero II Huid.

Sancho ¡Huid vosotros, canalla!
Rayo seré de esas vidas.

(Métenlos a cuchilladas Sancho y Toribia.)

Caballero III Esos caballos desata.
¡huyamos!

Alonso ¿Qué es esto? ¿Ahora
una espada os acobarda?

Caballero I ¡Pica!

Caballero II ¡Corre!

Caballero III ¡Vuela!

Alonso   ¡Cielos!
                    Si no vengo injurias tantas,
                    ¿para qué quiero la vida?

(Vanse.)

Sancho   Al viento ligero igualan;
                    mas ¿por qué culpo la suya
                    si tu ligereza es tanta
                    que, atropellando respetos
                    de tu sangre y de tu casa,
                    como una infame ramera
                    te sales de ella y te apartas
                    de tu padre y de tu hermano,
                    desluciendo con infamia
                    nuestro honor? Dime, ¿qué ha sido
                    de este traje la mudanza,
                    de esta deshonra el origen,
                    y de esta humildad la causa?
                    ¿Quién de ella ha sido ocasión?

Toribia   El Amor.

(Hace una reverencia.)

Sancho   Aquesta daga
                    te le sacará del pecho,
                    y pues mis ofensas callas,
                    ella me abrirá otra vía
                    que me la diga.

Toribia   Si basta
                    decirlo, yo lo diré.

86

Sancho	Di, pues, acaba.
Toribia	La causa es muy larga para ahora. El vestido, de doña Ana, que, por gozar la ocasión que ella venturosa alcanza, me le puse, que el amor del forastero que en casa estaba, dempués que vino ha metido tal cizaña, que él ha de ser mi marido cumpriéndome la palabra que me ha dado. Aquesto es hecho, aunque le pese a la ingrata, que por él melancoliosa tantos enredos trazara, o no seré yo Toribia.
Sancho	Calla, bestia, que es su hermana.
Toribia	¿Mas por Dios?
Sancho	Y aquesta noche, el viejo a quien encargada la dejó, se la ha robado.
Toribia	¿Qué me cuentas?
Sancho	Lo que pasa; a Oviedo partió tras ellos.
Toribia	¿Y qué? ¿Es de veras su hermana?

Sancho	Sin duda.

Toribia

           ¡Válgame el cielo!
Parece que ahora el alma
por el cuerpo se pasea.

Sancho

Aquesa yegua desata.
Vamos, porque he de ir tras él
que también a mí me alcanza
gran parte de sus desdichas,
que a su hermana adoro.

Toribia

                Basta;
que baselisco el Amor
corrompió toda la casa.
Vamos, hermano, que yo
te sigo a Oviedo, y las sayas
renuncio y en otro traje
si el mi querido se halla,
pardiez, tengo de valerle
y en su defensa esta espada
pasará a Oviedo a cuchillo.

Sancho

Vamos a casa, que en casa
se dispondrá, y a mi padre
daremos cuenta. ¡Ay, doña Ana,
que mereciese tu amor
un hombre que con más causa
tu padre pudiera ser
no tu amante!

Toribia

           Ya es falta
propia en la hermosura siempre

el mal gusto; pero calla,
que por dicha podrá ser
que sin pensarlo mos salga
un padre que a ti te quiete
como me quietó una hermana.

(Vanse. Salen don Luis con vara, doña Ana, Rodrigo, y acompañamiento.)

Luis   Ha mostrado la ciudad
su lealtad y su valor;
débolas un gran amor.

Ana   Es de mucha calidad
lo noble de ella.

Luis   ¿Pues no?
Las reliquias de los godos,
de quien descendemos todos,
de aquí su origen tomó.
    Para no estar prevenido,
ha sido el recibimiento
muy cumplido.

Rodrigo   Estuve atento
al aseo del vestido
    y del tocado de aquellas
que delante iban bailando
de tu persona, admirando
algunas más que el Sol bellas.
    ¡Extraño traje!

Luis   ¡Extremado!
Es la nobleza de Oviedo
ésa que bailaba.

Ana   Puedo
                        decir que no me he alegrado
                           tanto como hoy ningún día.

Rodrigo   La iglesia mayor es cosa
                        excelente.

Luis   Milagrosa.

Ana   Mientras que se proseguía
                           el recibimiento, a mí
                        las reliquias me enseñó
                        el señor Obispo.

Rodrigo   Y yo
                        también, señora, las vi
                           contigo, y quedé admirado.

Luis   Es este antiguo sagrario
                        un divino relicario
                        de Europa, a quien han llamado,
                           Roma de España.

Ana   Si aquí
                        nuestro ausente se hallara,
                        con más sosiego gozara
                        de las grandezas que vi.

Luis   Dios lo dispondrá. No digas
                        a nadie que hermano tienes,
                        pues con eso previenes
                        aumento a nuestras fatigas.

90

(Sale Juancho.)

Juancho   .... [-el]
                       .... [-ado]
                       Juancho, si vienes cansado
                       sabes lo Dios.

Ana   ¿No es aquél
                       Juancho?

Luis   Disimula.

Juancho   Aquí
                       estáis a quien busco yo
                       hayas mal quien me parió
                       si no fue clérigo, sí,
                       no vinieras Juancho ahora,
                       solo de Bilbao pruebas,
                       y al viejo verde te llevas
                       antes que pasa un hora,
                       a que gobiernes infierno.

Luis   ¿Queréis algo?

Juancho   Para vos
(Aparte.)   traigo este. (¡Juras a Dios
                       que te despacho el gobierno!)

(Dale un papel y empuña la espada.)

Ana   ¡Juancho, mira!

Juancho   ¡Fuego, fuego,
                       en vosotros! ¿Qué me quieres?

Llevar el diablo mujeres;
la mejor quemarla luego.

Ana

¿Dónde está mi hermano?

Juancho

Ha ido
a cazar grullas.

Ana

Di adónde.

Juancho

Juancho en su vida responde
a mujer.

Ana

¿Tienes sentido?

Juancho

A fe que estoy sospechando
después que os fuisteis los dos
no digáis —ijuras a Dios!—
ahora, «habladme en entrando».

Ana

¡Bárbaro! ¿qué dices?

Luis

¡Cielos!
Esto escribe y dice ansí.
¡Ay hijo amado! ¡Ay de mí!
¡Quién quietara tus desvelos!

(Lee.)

«Ni sois caballero ni puede ser que seáis
bien nacido, porque quien no corresponde
a las obligaciones de serlo, niega lo uno,
desluciendo lo otro. Fiéme en vos; no
acudisteis a vuestras obligaciones, cosa
que no hicierais en tener buena sangre.
Débeos de animar el verme perseguido;

pero para que os desengañéis de que en
cualquier estado tengo el valor que
heredé de don Luis Hurtado de Mendoza,
mi ilustre padre, os quedo esperando
junto a la cruz de Vierzo, donde os
guiará ese criado. Solo estoy y mis
armas son una espada y daga; si os
pareciesen pocas traed las que
quisiéredes, y si no os atrevéis solo,
venga quien os acompañe, que, siendo
como vos, tanto monta.

        Don Diego Hurtado de Mendoza»

  ¡Bien haya quien te parió!
Si mi valor heredaste,
Diego, ahora lo mostraste.
¡Qué resuelto que escribió!
    Es valiente. Dios le guarde.
¿Vos me habéis de guiar?

Juancho   Sí.

Luis   Pues alto, vamos de aquí,
que no quiero que me aguarde.

Ana   ¿Adónde vas?

Luis   Aquí voy.

Juancho   ¡Juras a Dios, vizcaíno!
Solo vas, viejo, al camino,
muchos palos que le doy.

(Vanse don Luis y Sancho.)

Ana	Rodrigo, temblando quedo.
	Ve tras ellos.
Rodrigo	Sí, haré,
	y más gente llevaré.
Ana	Que no aguarde tengo miedo
	mi hermano, que es arrojado,
	y sin advertir razones,
	en viéndole, ejecuciones
	dará a un caso desdichado;
	que Juancho me dijo agora
	que a mi padre está esperando
	en el campo; estoy temblando.
Rodrigo	Perdé el recelo, señora,
	que prevenido estaré
	para lo que sucediere,
	y la gente que trujere
	retirada dejaré
	para que, sin embarazos,
	se desengañen los dos.
Ana	Padre, hermano, traigaos Dios
	a mis ojos y a mis brazos:

(Vanse. Sale don Diego.)

Diego	.... [-arme]
	.... [-arme]
	.... [-oria]
	Basta, cansada memoria,
	que dais en atormentarme;

94

cuando afligido juzgaba
que si la vida faltaba
honor tenía.
Memoria, si la perdía
más vitorioso quedaba,
   pues ahora que el honor,
que fue la prenda mejor
que he tenido,
me la arrebató atrevido
de la Fortuna el rigor,
   memoria, si bien se advierte,
acordando el trance fuerte
—¡qué pesar!—
¡Sois la piedra de amolar
del cuchillo de la muerte!
   ¡Que una mujer que entendía
que en poco el mundo tenía
—¡qué crueldad!—
intentase sin piedad
tan notable alevosía!
   ¡Que un noble me persiguiese,
que la palabra me diese
y la quebrase!
¡Que afligido me dejase
y que con mi honor se fuese!

(Salen don Luis y Juancho.)

Diego   ....
                 Espera junto al caballo
                 por si fuese menester.

Juancho   Señor, el que está agraviado
                 no tiene que hacer más que

en llegando metes mano,
y de primer antubión
el diablo llevas contrario,
que satisfación si esperas
no vales higo.

(Vase Sancho.)

Luis (Aparte.)   (Aguardando
me está ya.) Guárdeos el cielo.

Diego   Hasta que pueda mataros
solamente lo deseo,
vil caballero, que cuando
de vos me fío, mi afrenta
ejecutáis.

Luis   Reportaos
y escuchadme.

Diego   ¿Qué diréis?
¿Que por remedar el daño
mayor, piadoso trujisteis
esa mujer, que me ha dado
para mi deshonra el cielo,
para mi aflicción los hados?
¿Acaso, pregúntoos yo,
sois mi tutor?

Luis (Aparte.)   (El muchacho
está resuelto. Ya es tiempo
preciso de declararnos.)
Diego, veinte años ahora...

96

Diego	¿Qué tienen que ver veinte años, con mi agravio? ¡Vive el cielo que debéis de haber pensado que soy loco! ¡Alto, sacad la espada!
Luis	Terrible caso será que no me escuchéis.
Diego	Más terrible fue llevaros a mi herniana. Acabad luego, ¿qué os detenéis? Meted mano.
Luis	Digo que veinte años ha que por aquel desastrado caso.
Diego	¿Qué gastáis arengas? Yo no tengo de escucharos.
Luis	¡Vive Dios que habéis de hacerlo!
Diego	¡Vive Dios que he de mataros si la espada no sacáis!

(Sácala don Diego.)

Luis (Aparte.)	(¿Vióse caso más extraño? El muchacho está perdido.) ¡Alto! vamos abreviando. ¡Hijo de mis ojos! Yo...
Diego	¿Ya os acogéis al sagrado de la humildad? Pues conmigo

(Aparte.)	no ha de valeros. (Si aguardo
	más razones, este viejo
	me ha de aplacar, y mi agravió
	pierde la satisfacción.)
	Pues no queréis meter mano,
	haber si ahora lo hacéis.

(Tírale y mete don Luis mano.)

| Luis | ¿Qué es esto, cielos sagrados? |
| | ¡Amado hijo, yo soy...! |

Diego	Un caballero villano
	que cuando de él me fié
	mi deshonra ha intentado.

(Dice Rodrigo dentro y luego sale con todos los que pudiesen y embisten a don Diego.)

Rodrigo	Caminad presto, que ya
	los aceros han sacado.
(Dentro.)	¡Favor aquí a la justicia!

| Diego | Con celada y con engaño |
| | saliste. ¡No importa! |

| Voz I | ¡Muera! |

Luis	Ya no he de poder librarlo,
	que si declaro quien soy,
	no será posible caso
	valerle; quiero callar.
	¡Hola, prendedlo o matadlo!

98

Voz II	¡Muera!
Voz III	¡Muera o dése preso!
Diego	Ha de ser hecho pedazos.

(Métenlo a cuchilladas.)

Luis	Rodrigo, Rodrigo, mira no me lo hieran, cercadlo; bien se resiste —iay de mí— Mucho le van acosando, parece que le han herido. ¡Teneos!

(Salen sobre Diego y él herido, y cae a los pies del padre y quita las armas.)

Diego	¡Cielos airados, que me perseguís! ¿qué es esto? A los pies de mi contrario vine a caer.
Luis	¡Deteneos, insolente temerario! ¡Vive Dios que habéis de ver en un alto cadahalso vuestra cabeza! ¡Ay de mí! ¡Rodrigo, mira si es algo!
Rodrigo	En la cabeza es la herida.
Luis	¡Mal hayan amén las manos que se la dieron! ¿Qué es esto? ¿Estáis herido? Llegadlo

acá.

Diego   ¡Airada Fortuna!
Es éste el último estado
en que pudiste ponerme.

Luis   No es nada; bien empleado
fuera el haberos abierto
la cabeza y aun mataros.

(Aparte.)   (No lo quiera Dios.)

(A Rodrigo.)   Tomad
ese lienzo y apretadlo
en aquella herida.

Diego   ¡Ah, pesia!

Luis   A ver si está bien atado:
llegad acá, no está bueno.

(Salen Toribia y Lucía de hombres, vestidas a lo sayagüés, Sancho y Mendo, y Juancho por otra puerta.)

Juancho   Juras a Dios que anda el diablo
suelto, cazolada tienes
de gente el viejo bellajo
escondida.

Toribia   Anda, Lucía.

Lucía   Pardiez que son güenos ajos
éstos.

Sancho   ¿Qué gente es aquésta?

100

Medo	Justicia pienso.
Sancho	O me engaño, o es Diego Hurtado el que llevan entre aquellos agarrado. Padre, ¿qué habremos de hacer?
Medo	Eso pudieras mirarlo antes de salir de casa; pero después de hecho el daño, llegar, librarle o morir, ya que estamos empeñados.
Sancho	¡Alto, pues! ¡Hola! ¿A quién digo?
Medo	¡A mochachos! Retiraos a aquesta parte.
Lucía	¡Oh, qué bueno! No queremos retirarnos.
Toribia	¿Reti... qué? Aguardad un poco. ¡Hola, fariseos! dadmos el preso.
Lucía	Dadmos el preso.
Luis (Aparte.)	(¡Vive Dios que los villanos del lugar quieren librarle! Quizá del cielo guiados vengan muy en hora buena.) ¿Qué es lo que emprendéis, serranos? ¿No miráis que estoy aquí?

Sancho	Por aquese mismo caso lo intentamos.
Luis	¿Qué es aquesto? ¿Sois locos?
Medo	Locos o sabios esto ha de ser o sobre ello...
Toribia	Suelten al hombre.
Luis	Tal caso no he visto.
Toribia	Suelten al hombre.
Luis	¡Ah villanos, reportaos! Mirad que el gobernador de Oviedo os está hablando.
Toribia	¡Mentís, que no es caballero quien intenta hacer agravios!
Luis	¿Yo, agravios?
Lucía	Lo dicho, dicho.
Toribia	Claro está, que heis de negarlo porque sois un... En defeto suelten all hombre.
Luis	En llegando a las manos, tú, Rodrigo, le suelta, que por milagro,

a medida del deseo,
Dios trujo esta gente.

Juancho   Juancho,
                    buen paliza se te aliña.

Diego   Si me libro de las manos
                    del enemigo por ti
                    —ioh, pastora!— que aunque extraño
                    el traje de hombre conozco
                    tu valor, por los sagrados
                    cielos, que te he de pagar
                    mi libertad, obligando
                    mi palabra al beneficio.

Luis   ¡Vil canalla! ¡Ya me canso
                    de sufrir! ¡Hola, prendedles!
                    Si se resisten, matadlos.

(Embisten con ellos, y en la refriega suelta Rodrigo a don Diego y Toribia le da
su espada y descíñese la honda.)

Sancho   ¡Padre, a ellos!

Medo   ¡Hijo, a ellos!

Juancho   ¡A ellos tú también, Juancho!

Toribia   Por ese lado, Locia,
                    valiente, ve espechonando.

Lucía   Ya te sigo.

Voz I   ¡Mueran!

Voz II   ¡Mueran!

(Métenlos los villanos a cuchilladas. Salen por otra puerta Rodrigo, asido de don Diego. Hablan dentro.)

Voz I   .... [-a-o]
                         ¡Cielos santos, gran furor?
                         ¿son rayos o hombres?

(Sale don Luis.)

Luis   Rodrigo:
                         haz lo que diré

Rodrigo   Libraos,
                         Diego Hurtado de Mendoza;
                         idos, ya estáis desatado.

Diego   Yo pagaré este servicio.

Luis   Tenedle, que se ha soltado.

Diego   ¿Qué me persigues? ¿qué quieres?

Luis   Dios te libre.

(Vanse Rodrigo y don Luis. Sale Toribia.)

Toribia   Diego Hurtado.

Diego   Toribia.

Toribia   Pues ya estás suelto,

104

toma esta espada en la mano,
líbrate, no tengas pena,
que yo seguire tus pasos
en sabiendo dónde vas.

Diego
    ¿Cómo he de poder pagaros,
Toribia, con una vida,
tantas como me habéis dado?

Toribia
No es tiempo de maravillas:
huid.

Diego
    Obedezco y parto.

(Vase don Diego. Salen Sancho y Mendo, acuchillándose, por una parte, y por otra, Lucía, y Juancho.)

Toribia
Mueran, o dense a prisión.

Sancho
Antes muerto que entregado.

(Salen don Luis y Rodrigo.)

Luis
¡Teneos, teneos! ¿Qué es aquesto?
Después que habéis alcanzado
el intento a que venisteis,
¿por qué queréis, temerarios,
abalanzar vuestras vidas
cuando miráis alterado
a Oviedo y que es imposible
con las vidas escaparos?
Daos y creedme, que os juro
si por la fe de soldado
y por la de caballero,

por el hábito que traigo
y por la vida del rey,
que guarde Dios muchos años,
que si os entregáis ahora
debajo de la que he dado,
que no recibáis ofensa,
antes protesto ayudaros,
pues sabéis que debo hacerlo
por tenerlo granjeado
con las pasadas caricias,
con vuestro noble agasajo.

Juancho   No le creas, no le creas
con esto quieres pescarnos,
y luego estirar el nuez
y allá vas con el diablo.

Medo   ¿Qué haremos, hijo?

Sancho   Señor,
si es imposible el librarnos,
damos con este seguro.

Medo   Sea ansí.

Lucía   Ante todos casos,
señor, ¿soltaron all hombre?

Toribia   Sí, bestia, ya le soltaron.

Lucía   Pues ahora, aunque me ahorquen,
no importa, caquí está Juancho.

Juancho   Más valiera no estuvieras.

Rodrigo	La gente se va acercando.
Luis	¿Qué resolución tomáis?
Medo	De que debajo tu amparo nos entregamos, y advierte que el que es noble está obligado a libertar a su amigo de semejantes trabajos.
Luis	Eso es cierto; vamos, pues, entregad las armas.

(Entréganlas todos.)

Sancho (Aparte.)	Vamos. (¡Ay doña Ana, si pudiese, ya que en tus soles me abraso, merecer un rayo de ellos!)
Juancho	Allá le llevas a Juancho, plegad a Dios que verdugo no le des carta de pago.
Toribia	Loca voy con que mi Diego, Locía, se haya librado.
Lucía	Yo con ver que en la prisión tendré, Toribia, a mi Juancho.

(Vanse. Sale don Diego solo por lo alto del monte.)

Diego	Ásperos e intrincados laberintos,

claro y undoso río
a quien paga el rocío
en tributos distintos
obediente al que debe
cobrando el que la nieve
de esos montes destila
cuando el invierno afila
sus frígidos bostezos,
porque con esperezos
el Sol mal abrigado
sale a invadir de luz el verde prado,
y la escarcha en sus faldas
perlas le ofrece en ramos de esmeraldas;
si lastimáis mi suerte
piedades lograréis dándome muerte.
Algo cansado y afligido llego,
fuente, a vuestra corriente,
en vos, sed ardiente
mitigaré que llevo;
bulliciosa os contemplo
de mi inquietud ejemplo,
sed piadosa conmigo.
¿Qué es esto? A mi enemigo
en aquel risco veo.
¡Ah infeliz deseo!
El agua me persigue
porque mi sed en ella aun no mitigue.
   Caballero, que esos montes,
quizá pisáis por mi causa
para añadirme desdichas,
como si a mí me faltaran,
bajad, decended al llano,
que en él un hombre os aguarda
que, como nunca ha vivido,

no sabe cómo se llama,
solo sabe que la muerte
bien alegre en sus desgracias,
ya como cosa perdida
ni le deja ni le mata.
Si acaso me conocéis,
¿cómo no movéis las plantas?
bajad, matadme. Con eso
tendré vida y vos venganza.

(Sale don Alonso.)

Alonso   Caballero, a quien conozco
para mi daño, dudaba
hasta ahora que mi suerte
en mi bien se conformara,
cierto de ella, aunque avarientas
me niegan paso estas ramas,
menospreciando su altura
esculpiré mis estampas
(Arrójase abajo.)   en la arena de ese valle,
y ya que iguales nos halla
la suerte, pues en la mía
también es Fortuna avara,
conformes en el cansancio,
iguales con las desgracias,
por lo menos no diréis
que os he muerto con ventaja.

Diego   La soledad de este sitio
es tan grande, que no se halla
que hayan violado sus hierbas
hasta ahora humanas plantas.
Siendo nobles, es forzoso

que quede en esta batalla
el uno de los dos muerto,
si no es que la suerte iguala
los sucesos, y es razón
que aquí nos demos palabra
de que el que quedara vivo,
que es una facción hidalga,
lleve al otro a que le den
la sepultura sagrada,
y hasta tanto no le deje,
que será desdicha extraña
que al difunto se la den
una fiera en sus entrañas.
Pena de mal caballero,
si no lo cumpliere...

Alonso   Es tanta
razón, que juro cumplirlo,
y porque también se haga
lo que la nobleza dicta,
si llegara vuestra espada
antes a mi pecho, abriendo
puerta por do salga el alma,
yo os perdono desde aquí,
y a la Aurora soberana,
madre del Sol verdadero,
que estrellas lucientes calza,
pongo por testigo.

Diego   Y yo,
y en fe de ello ya os aguardan
mis brazos.

(Abrázanse.)

110

Alonso	Aquestos míos confirmarán mis palabras.
Diego	¡Alto, pues, aquesto hecho! Empiece nuestra batalla.
Alonso	Ya os aguardo con la mía, meted mano a vuestra espada.
Diego	¡Fuerte pulso!
Alonso	¡Gran presteza!
Diego	¡Rayo airado!
Alonso	¡Furia extraña! Mi desgracia estoy temiendo.
Diego	Gran desdicha me amenaza
Alonso	¡Ah débil mano! ¿Qué es esto? ¿Agora pierdes las armas?

(Cáesele la espada de la mano, va a cogerla y detiénele don Diego y cógele la espada.)

Diego	Teneos, que ya esta ventura para mí estaba guardada.
Alonso	Dadme la espada.
Diego	No quiero, porque es necedad extraña

	dar armas al enemigo
	con que logre su venganza.

Alonso   Pues matadme, acabad presto.

Diego   ¿Confesáis, viéndoos sin arma,
                que tengo agora en mi mano
                .... [-a-a]
                vuestra vida, y que no hay cosa
                .... [-a-a]
                que me lo impida, pues es
                haber perdido la espada
                despojo del vencedor,
                si en vos ha sido desgracia?

Alonso   Cuando yo quiera negarlo,
                vuestra dicha lo declara.

Diego   ¿Ya no estáis muerto?

Alonso   Si estoy,
                más que de temor, de rabia.

Diego   Si estáis muerto, perdonadme,
                como disteis la palabra,
                que el testigo que pusisteis,
                cuya pureza sin mancha
                aduro, atento nos mira,
                a quien no podéis negarla;
                y para que echéis de ver
                que no me incitan venganzas
                a que este perdón os pida,
                tomad, tomad vuestra espada,
                tomad la mía también,

(Dale las dos espadas.)

> que aquí rendido os aguarda
> quien ya humilde no os resiste
> cuando soberbio os mataba.

(Híncase de rodillas y levántale con los brazos don Alonso.)

Alonso
> ¡Oh, afrenta de los varones
> ilustres, a quien la fama
> eterniza! Aquesos brazos
> me da mil veces, que basta
> tu generosa hidalguía
> para que te perdonara,
> no la muerte de mi primo
> de quien soy parte, mas cuantas
> injurias hacer pudieras
> a mi sangre y a mi casa,
> y si quieres que quedemos
> en facciones tan bizarras
> iguales, dame la muerte,
> que pienso, con perdonarla,
> siendo imposible hacer más,
> que no me lleves ventaja.

Diego
> Correspondes a quien eres.

Alonso
> Vamos a Oviedo, que el alma
> acreditará con obras
> lo que ofrece con palabras;
> que en León no te está bien
> entrar hasta que, acabadas,
> estén estas diferencias,

mientras el perdón se alcanza
de su majestad.

Diego
                           Amigo,
          tu favor me es de importancia
          en Oviedo, que esta noche,
          si sus tinieblas me amparan,
          pienso, cortando dos cuellos,
          lavar de mi honor la mancha.

Alonso   Dispón de mí, pues soy tuyo.

Diego   Vamos pues. ¡Ay falsa hermana!
                  ¡Ay aleve amigo! El cielo
                  me deje tomar venganza.

(Vanse. Salen don Luis, Toribia, Lucía, Mendo, Sancho, doña Ana, Rodrigo,
Juancho y gente.)

Luis   Haced que se les aliñen
          camas en aquese cuarto,
          y con la guarda bastante,
          Rodrigo, y con el cuidado
          necesario, en su prisión
          los tened, que debo honrarlos
          por el buen alojamiento
          de su casa, aunque han andado
          esta tarde inadvertidos.

Rodrigo   De hacerlo tendré cuidado.

Ana   ¡Ay, señor! ¿Vienes herido?

Luis   No, pero vengo cansado.

114

Ana	¡Qué tal refriega tuviste!
	¿Y adónde queda mi hermano?
Luis	Pregúntalo a quien fue causa
	que él escapase a mis manos.
Ana	¿Qué es esto? ¿Qué traje es éste,
	Toribia, que habéis tomado?
Toribia	Acá es un ciento de nueces.
	Dejadme; íos con el diabro,
	que vuesas habilidades
	nos tienen en este estado.
	¿Por qué os huiste, golosmera,
	y dejasteis vuestro hermano?
Juancho	Porque hombre y vino le quiere
	esta mujer de un tamaño.
Ana	¡Vaya con Dios, qué os parece
	cuál me ponen los villanos!
Medo	No son villanos, señora,
	los que estáis vituperando.
	Tan buenos son como vos,
	que los Díaz asturianos
	no deben nada en Oviedo
	a los más nobles hidalgos.
Luis	Teniendo aquese apellido
	noble, yo no he de faltaros.
	Escuchadme aparte.

(Hablan Mendo y don Luis aparte.)

Ana	¡Ay cielos! ¿De qué estás tan triste, Sancho? Muy agradecida estoy que por librar a mi hermano te pongas en tal peligro.
Sancho	A no haber visto tan claro que merece vuestro amor quien hoy os está gozando y quien de mi casa os trujo, fuera poco por libraros volver a Oviedo en ceniza, débil Troya de mis brazos, y le hiciera por mi amigo —¡viven los cielos sagrados!— matando a quien le ha ofendido si no fuera...
Ana	Sancho, Sancho, reportaos, quizá algún día, cuando estéis desengañado, yo podré corresponderos y vos podréis sosegaras.
Lucía	Juancho, cansada me siento y aquesto va muy de espacio. ¿Quieres que aquí mos echemos?
Juancho	¡Dónde!
Lucía	En el suelo.

Juancho	Estar blando mucho para mis costillas.
Toribia (Aparte.)	(Quien tuviera entre los brazos a Diego. ¡Ay ausente mío!)
Lucía	Gusto me ha dado escucharos y conoceros.

(Salen don Diego y don Alonso y cogen la llave.)

Diego	A tiempo me parece que llegamos. Cerrad presto.
Alonso	Ya está hecho. La llave se quedó acaso en aquesta cerradura.

(Dale una llave.)

Diego	Echad la loba; arrimaos, don Alonso, en esa puerta, no se alboroten hidalgos, que acá estamos todos.
Luis	¡Cielos! ¿No es éste Diego?
Rodrigo	Soñando estoy. ¿Y también no adviertes que le viene acompañando don Alonso, su enemigo?

Ana	Alguna desdicha aguardo.
Toribia	¡Ay, Diego del alma mía!
Juancho	Juras a Dios que es mi amo.
Diego	No quiero gastar el tiempo
	en quejas de vuestro trato,
	que ésas las publica el mundo
	y por aqueso las callo.
	Tampoco quiero quejarme
	de aquesa mujer que al lado
	tenéis, que al fin es mujer,
	y la más fuerte, de barro.
	La pendencia de esta tarde
	tampoco quiero acordaros,
	que aquesa yo os la perdono,
	pues por ella he granjeado
	a don Alonso de Bustos
	por mi amigo y por mi hermano.
	Al fin, yo no vengo a quejas,
	solo vengo a que la mano
	deis luego a aquesa señora.
	¿Qué miráis? ¿Qué estáis dudando?
	¿Podéis vos ser mejor que ella?
	No —¡voto a Dios!— esto es llano;
	vuestra mujer ha de ser;
	aquí estamos encerrados.
	Ésta es la llave, acabemos,
	o os haré tantos pedazos
	que en el aire...
Luis	Caballero,
	escuchadme y reportaos.

En cuanto a ser su marido,
eso no puedo negarlo
que conque un impedimento
allanéis fácil, es llano
que me casaré con ella.
En cuanto haberos quejado
de que a vuestra hermana truje,
respondo, señor, que es tanto
lo que la quiero, que un punto
fuera imposible apartarnos
sin que muriera, y ansí
el Amor en este lazo
me disculpa, y pues que estoy
a cuanto me pedis llano,
contadme vuestro suceso
con don Alonso.

Alonso   No es caso
que admite corto progreso;
solo sabéis que obligado
del valor, de la hidalguía,
digna de esculpirse en mármol,
de don Diego, a quien le debo
la vida, le he perdonado
la muerte, pues que soy parte,
por ser deudo el más cercano
de mi primo, y autorizo
esta amistad con mis brazos.

Diego   Ya que habéis sabido aquesto,
qué se ha de allanar sepamos;
porque en habiendo imposibles
los allane con mataros.

Sancho	¡Santos cielos, esto es hecho! En brasas estoy temblando.
Luis	En fin, ¿no puede ser menos sino que hemos de casarnos?
Diego	O morir en la demanda.
Luis	Pues alto, traigan despachos de Roma.
Diego	Pues ¿para qué?
Luis	Para que se case, es claro, una hija con su padre. Dadme esos brazos, amado hijo, que tu padre soy.
Diego	¿Mi padre?
Toribia	«Hábrame en entrando.»
Luis	¡Ay hijo! ¡Ay prenda querida! Dadme vos también los brazos.

(A Alonso.)

Alonso	Seré desde hoy vuestro hijo.
Diego	¿Es posible, padre amado que llegue a ver este día?
Luis	Dale tú la mano a Sancho, Ana, que estoy satisfecho,

de que es por linaje hidalgo.

Ana   Con mucho gusto la doy.

Sancho   Yo estoy loco en bienes tantos.

Diego   Siendo así, Toribia mía,
según me siento obligado,
no hago nada aunque entrego
el alma con esta mano.

Toribia   Honor de los zaragüelles, aceto.

Lucía   Querido Juancho,
¿quieres ser mi matrimonio?

Juancho   Pues que tocas a rebato,
Juancho, ¿qué puedes hacer?
¡Juras a Dios que me caso!

Diego   Don Alonso, a mi prima,
que es un ángel soberano,
te ofrezco.

Alonso   Su cielo adoro,
y ansí quedo bien premiado.

Luis   Por el perdón partan luego
de su majestad, y en tanto
te doy la ciudad por cárcel.

Medo   Gocéisos muy largos años.

Rodrigo   Ya es hora que descanséis.

121

Toribia	Y si acaso os ha agradado
	esta comedia, os suplico
	que premiéis nuestro trabajo
	y deseos, con decirnos
	«¡vitor!». Habladme en entrando.

Fin de la comedia

Libros a la carta

A la carta es un servicio especializado para
empresas,
librerías,
bibliotecas,
editoriales
y centros de enseñanza;
y permite confeccionar libros que, por su formato y concepción, sirven a los propósitos más específicos de estas instituciones.

Las empresas nos encargan ediciones personalizadas para marketing editorial o para regalos institucionales. Y los interesados solicitan, a título personal, ediciones antiguas, o no disponibles en el mercado; y las acompañan con notas y comentarios críticos.

Las ediciones tienen como apoyo un libro de estilo con todo tipo de referencias sobre los criterios de tratamiento tipográfico aplicados a nuestros libros que puede ser consultado en Linkgua-ediciones.com .

Linkgua edita por encargo diferentes versiones de una misma obra con distintos tratamientos ortotipográficos (actualizaciones de carácter divulgativo de un clásico, o versiones estrictamente fieles a la edición original de referencia).

Este servicio de ediciones a la carta le permitirá, si usted se dedica a la enseñanza, tener una forma de hacer pública su interpretación de un texto y, sobre una versión digitalizada «base», usted podrá introducir interpretaciones del texto fuente. Es un tópico que los profesores denuncien en clase los desmanes de una edición, o vayan comentando errores de interpretación de un texto y esta es una solución útil a esa necesidad del mundo académico.

Asimismo publicamos de manera sistemática, en un mismo catálogo, tesis doctorales y actas de congresos académicos, que son distribuidas a través de nuestra Web.

El servicio de «libros a la carta» funciona de dos formas.

1. Tenemos un fondo de libros digitalizados que usted puede personalizar en tiradas de al menos cinco ejemplares. Estas personalizaciones pueden ser de todo tipo: añadir notas de clase para uso de un grupo de estudiantes, introducir logos corporativos para uso con fines de marketing empresarial, etc. etc.

2. Buscamos libros descatalogados de otras editoriales y los reeditamos en tiradas cortas a petición de un cliente.

* 9 7 8 8 4 9 8 1 6 5 0 5 0 *